Mini Tonis

Armin Täubner

Schutzengel

Die Beschreibungen zu Amor, dem Liebesengel, finden Sie auf Seite 13, zu Wu, dem chinesischen Engel, auf Seite 9, zu Michel, dem Skater-Engel, auf Seite 24 und zu Franzl, dem Ski-Engel, auf Seite 11.

Fotos: frechverlag GmbH, 70499 Stuttgart;
Fotostudio Ullrich & Co., Renningen

Dieses Buch enthält:
1 Vorlagenbogen und
1 Zusatzbogen

Auflage: 5. 4. 3. 2. 1. | Letzte Zahlen
Jahr: 2007 2006 2005 2004 2003 | maßgebend

frechverlag GmbH, 70499 Stuttgart
Druck: frechdruck GmbH, 70499 Stuttgart

ISBN 3-7724-3150-X · Best.-Nr. 3150

Die Mini-Tonis als Schutzengel werden Sie überallhin begleiten!

Aus kleinen Tontöpfchen, Holzkugeln, etwas Farbe und wenigen Accessoires entstehen gute Schutzgeister für jeden Anlass. So können Sie Ihre Familie und Ihren ganzen Freundeskreis mit himmlischen Bodyguards ausstatten.
Die Mini-Tonis lassen sich ganz einfach nachbasteln und bringen auf vielerlei Arten Freude:
Sie kommen toll an als kleines Mitbringsel, als Geldgeschenk oder als Dekoration. Versehen Sie die Schutzengelchen einfach mit Schildern mit einem pfiffigen Spruch, der zum Anlass oder zum Beschenkten passt – so überbringen die Mini-Tonis ganz charmant Ihre Botschaft!

Wer will da nicht die ganze Bande haben?

Viel Spaß beim Sammeln und Verschenken wünscht Ihnen

Materialliste

- Mini-Tontopf, ø 3,5 cm
- Tonkarton, Faserseide, Windradfolie, Filz
- Holzkugeln, -perlen
- Sperrholz
- Bastelfarbe, Strukturschnee
- Verschiedene Drähte
- Federn
- Verschiedene Schnüre, Kordeln, Wolle und Fasern

Ihre **Grundausstattung**

- Schere, Cutter mit Schneideunterlage
- Kreisschablone oder Zirkel
- Transparentpapier und Kartonreste für Schablonen
- Pinsel, Schwämmchen
- Bleistift, Buntstift in Rot, feiner und dicker wasserfester Filzstift in Schwarz und Weiß
- Klebepistole, Klebstoff, z. B. UHU Alleskleber, Klebestift
- Zahnstocher (zum Auftragen von Strukturschnee)
- Föhn (zum Trockenföhnen der Tontöpfchen)

Für die Arbeit mit Holz

- Laubsäge
- Bohrmaschine und Bohrer (ø 1 mm bis ø 2 mm)
- Holzfeile und 240er Schleifpapier

Für die Arbeit mit Draht

- Seitenschneider (zum Abschneiden)
- Rundzange (Ösen biegen)
- Kleine Flachzange (Draht samt Haaren durch Holzkugeln ziehen, Drahtenden miteinander verdrehen)
- Zahnstocher oder Schaschlikstäbchen (zum Anfertigen von Drahtspiralen)
- Vorstechnadel (Löcher für Draht stechen)

Wichtige Hinweise

Für jede Figur wird ein Mini-Tontopf (ø 3,5 cm) benötigt. Dieser ist bei den jeweiligen Materiallisten nicht aufgeführt. Alle Materialangaben beziehen sich auf eine Figur.
Köpfe, Tontöpfe und andere Motivteile werden stets vor dem Zusammenbau komplett bemalt!

Tipp

Die Hände und Füße mancher Modelle werden aus Holz gemacht. Wenn Sie nicht sägen wollen, können Sie das Holz auch durch dicken Tonkarton ersetzen.

Arbeitsschritte

Kartonschablonen herstellen

Pausen Sie die Motivteile vom Vorlagenbogen mit Bleistift auf Transparentpapier ab. Das Transparentpapier kleben Sie auf einen Kartonrest und schneiden die Teile aus.

Tontöpfe bemalen

Die Bastelfarbe wird entweder mit einem flachen Haarpinsel (Nr. 6 oder Nr. 8) oder mit einem Schwämmchen aufgetragen. Zügig arbeiten, da die Töpfchen viel Feuchtigkeit aufnehmen. Helle Farben wie Gelb, Orange und Weiß müssen meist mehrfach aufgetragen werden. Tragen Sie die Farbe möglichst glatt auf. Ggf. tauchen Sie den Pinsel ins Wassergefäß und überstreichen die ganze Fläche nochmals. Wenn Ihnen kein gleichmäßiger Farbauftrag gelingt, nehmen Sie einfach das Schwämmchen und tupfen noch eine Farbschicht darüber. Es entsteht dadurch eine ebenmäßige, leicht raue Oberfläche. Der Fachhandel bietet für Struktureffekte auch Farben an, denen entweder schon ein sehr feines Granulat beigemischt ist oder denen man ein Granulat nach eigenem Geschmack zusetzen kann. Dann wird der Topf trocken geföhnt. Muster in Weiß malen Sie mit einem weißen Filzstift auf.

Gesichter auf Rohholzperlen

Die Rohholzperlen werden meistens hautfarben bemalt, dann die Gesichter leicht mit Bleistift vorgezeichnet und mit einem feinen schwarzen Filzstift nachgezogen. Die Wangen malen Sie mit einem roten Buntstift auf.

Holzbearbeitung

Übertragen Sie das Motiv auf das Sperrholz, sägen Sie es mit der Laubsäge aus und glätten Sie die Ränder mit einer Holzfeile und mit 240er Schleifpapier.

Holzköpfe befestigen

Methode A

Die Haare werden in der Mitte mit einem Blumendrahtstück (ø 0,65 mm) zusammengefasst und mit der Flachzange mindestens 1 cm tief in den fertig bemalten Kopf gezogen. Nun die Arme aus Chenilledraht oder Kordel um den Drahthals schlingen und ggf. festbinden bzw. zwischen die beiden Drahtenden legen. Stecken Sie die beiden Drahtenden durch die Tontopföffnung. Zwischen die Drahtenden legen Sie die Chenilledraht-Beine und ziehen dann auf ein Drahtende eine Rohholzperle (ø 15 mm), bevor Sie beide Enden miteinander verdrehen.

Methode B

Der mittig umgeknickte Hals-Beindraht (aus Chenilledraht) wird in die Kopfperle eingeklebt. Schlingen Sie den Armdraht (aus Chenilledraht) um den Hals. Die Enden des Hals-Beinedrahtes werden durch die Tontopföffnung und eine Holzperle (ø 15 mm) gezogen. Anschließend werden Arme und Beine zurechtgebogen.

Methode C

Der mittig umgeknickte Halsdraht (aus Chenilledraht) wird in die Kopfperle eingeklebt. Legen Sie die Arme aus Kordel oder Chenilledraht zwischen die Halsdrahtenden. Anschließend werden die Halsdrahtenden durch die Topföffnung gesteckt. Legen Sie die Beine aus Kordel oder

Draht dazwischen, ziehen Sie auf ein Halsdrahtende eine kleine Holzperle (ø 15 mm) und verdrehen Sie die Halsdrahtenden miteinander.

Schildchen anbringen

Herstellung und Befestigung der Schildchen werden bei den jeweiligen Anleitungen nicht erwähnt. Vorgedruckte Schildchen zum Ausschneiden mit flotten Sprüchen oder blanko finden Sie auf dem beiliegenden Bogen. Oder Sie fertigen selbst Schilder in der von Ihnen gewünschten Größe und Farbe aus Tonkarton an und verzieren sie mit bunten Filzstiften oder mit dem Pinsel. Die Schildchen werden z. B. mit der Vorstechnadel gelocht und mit einem farblich passenden Faden oder Draht oder einfach mit Klebstoff an der Figur befestigt.

Mini-Tonis Nr. 73

Badawi, Bahati und Badru, die afrikanischen Engel

Material

- Rohholzperlen, 1 x ø 20 mm (Kopf), 1 x ø 15 mm (Kopfbefestigung), 2 x ø 10 mm (Hände) und 2 x ø 12 mm (Füße)
- Tonkarton in Weiß
- Bastelfarbe in Weiß, Braun, Rot und Blau oder Weiß, Braun und Rot oder Weiß, Braun, Gelb und Rot
- Blumendraht, ø 0,65 mm, 10 cm lang (Hals)
- Dekokordel in Braun, ø 2 mm, 15 cm (Arme) und 20 cm lang (Beine)
- Baumwollfaden in Rot, Blau oder Weiß, ø 1 mm (Haargummi)
- Büschel Abaca-Fasern in Schwarz, 8 cm bis 10 cm lang (Haare)
- Holzstäbchen, ø 1 mm

Vorlagenbogen A

Grundieren Sie alle Holzperlen (außer die zur Kopfbefestigung) in Braun. Das Augenweiß tupfen Sie mit dem Holzstäbchen auf und setzen die Pupille mit dünnem Filzstift hinein. Diese Engel werden nach Methode A gearbeitet (siehe Seite 5). Kleben Sie die gestalteten Flügel auf und knoten Sie die Hand- und Fußperlen an.

Tipp

Die Muster auf dem Tontopf und den Flügeln können Sie auch mit farbigem Filzstift aufmalen.

ANGEL OF PEACE
ETHNO-ANGEL
AFRICAN ANGEL

Material

- Tonkarton in Blau, Hautfarbe und Weiß
- Rohholzperle, ø 20 mm, (Kopf)
- Bastelfarbe in Blau und Hautfarbe
- Chenilledraht in Blau, 16 cm (Beine), 10 cm (Hals) und 24 cm lang (Mütze)
- Blumendraht, ø 0,35 mm, 6 cm lang (Schutzbrief)
- Büschel Baumwollfaden in Gelb, ø 1 mm, 6 cm lang (Haare)
- 2 Marionettenfüße, 20 mm x 15 mm

Vorlagenbogen A

Mini-Tonis Nr. 74

Lisa, der Schutzbrief-Engel

Knicken Sie Hals- und Beindraht jeweils in der Mitte und hängen Sie sie gegengleich ineinander. Die Enden des Halsdrahtes ziehen Sie von unten durch den blau grundierten Topf. Kürzen Sie die herausragenden Enden auf eine Länge von 2 cm und stecken Sie den gestalteten Kopf auf. Fassen Sie die Haarfäden mit einem gleichfarbigen Faden in der Mitte zusammen und kleben Sie sie auf den Kopf. Der Mützendraht wird zu einem Ring um den Kopf gelegt, angeklebt und der restliche Draht dreimal um den Kopf geschlungen. Fixieren Sie Füße und Flügel und hängen Sie dem Engel den gefalteten Schutzbrief mit den aufgeklebten Händen am dünnen Blumendraht um den Hals.

Material

- Rohholzperlen, 1 x ø 20 mm (Kopf), 1 x ø 15 mm (Kopfbefestigung), 2 x ø 10 mm (Hände) und 2 x ø 12 mm (Füße)
- Tonkarton in Rot oder Blau und Gelb
- Bastelfarbe in Ocker sowie Rot oder Blau
- Filz in Schwarz (Kragen)
- Chenilledraht in Schwarz, 10 cm lang (Hals)
- Dekokordel in Schwarz sowie Rot oder Blau, ø 2 mm, 8 cm (Zopf), 14 cm (Arme) und 20 cm lang (Beine)

Vorlagenbogen A

Li und Wu, die chinesischen Engel

Der rot bzw. blau grundierte Topf wird mit dickem schwarzem Filzstift verziert. Der Engel wird nach Methode C gearbeitet (siehe Seite 5/6). Vor der Kopfperle fädeln Sie den Filzkragen auf. Zu dem überstehenden Chenilledraht ziehen Sie den Zopf in die Kopfperle. Für den Hut schneiden Sie einen gelben Kartonkreis mit einem Durchmesser von 3,5 cm bis zum Mittelpunkt ein und kleben die Enden leicht übereinander. Kleben Sie die mit Filzstift verzierten Flügel auf und knoten Sie die ocker grundierten Hand- und Fußperlen an.

Mini Tonis Nr. 76

Dominik, der Haus-Schutzengel

Material

- Rohholzperlen, 1 x ø 20 mm (Kopf), 2 x ø 12 mm (Hände) und 3 x ø 15 mm (Füße und Kopfbefestigung)
- Tonkarton in Weiß
- Bastelfarbe in Blau und Hautfarbe
- Feiner Strukturschnee
- Blumendraht, ø 0,65 mm, 10 cm lang (Hals)
- Jutekordel in Blau, ø 2,5 mm, 18 cm (Arme), 25 cm (Beine) und 8 cm lang (Haare)

Vorlagenbogen A

Am unteren und oberen Rand des blauen Topfes wird etwas Strukturschnee mit dem Borstenpinsel aufgetupft. Der Engel wird nach Methode A gearbeitet (siehe Seite 5). Fransen Sie die Jutekordel zum Haarschopf aus, kleben Sie die mit blauer Bastelfarbe verzierten Flügel auf und knoten Sie die Fuß- und Handperlen an.

Tipp

Verschenken Sie den Engel zum Einzug mit etwas Salz und einem Mini-Partybrötchen.

Sepp und Franzl, die Ski-Engel

Material

- Rohholzperlen, 1 x ø 20 mm (Kopf) und 1 x ø 15 mm (Kopfbefestigung)
- Tonkarton in Rot, Grün und Schwarz
- Bastelfarbe in Rot oder Grün sowie Hautfarbe
- Chenilledraht in Rot oder Grün, 10 cm (Hals) und 12 cm lang (Arme)
- Strukturschnee
- Zahnstocher (Skistöcke)

Vorlagenbogen A

Tragen Sie den Strukturschnee mit einem Zahnstocher auf den fertig bemalten Kopf auf. Die Engelchen werden nach Methode C gearbeitet (ohne Beindraht, siehe Seite 5/6). Die einfarbig grundierten Tontöpfe verzieren Sie mit weißem Filzstift. Kleben Sie die Flügel und die Stiefel an den Topf und unter die Stiefel die Skier. Geben Sie dem Engel halbierte, bemalte Zahnstocher als Skistöcke in die Hände.

Material

- Rohholzperlen, 1 x ø 25 mm (Kopf), 1 x ø 15 mm (Kopfbefestigung) und 2 x ø 12 mm (Hände)
- Tonkarton in Weiß sowie Hellblau oder Rosa
- Bastelfarbe in Weiß und Hautfarbe sowie Hellblau oder Rosa
- Blumendraht, ø 0,65 mm, 10 cm lang (Hals)
- Holzperle in Weiß, ø 6 mm (Schnuller)
- Aludraht in Rot oder Blau, ø 2 mm, 7 cm lang (Schnuller)
- Chenilledraht in Hellblau oder Rosa, 11 cm lang (Arme)
- Büschel Baumwollfaden in Gelb, ø 1 mm, 8 cm oder 10 cm lang (Haare)
- Sperrholz, 2 mm bis 3 mm (Füße) und 5 mm dick (Wolke)
- Bohrer, ø 2 mm (Mund)

Vorlagenbogen A

Mini-Tonis **Nr. 78**

Paulchen und Paula, die Baby-Schutzengel

Bohren Sie die Mundöffnung und bemalen Sie den Kopf und den Tontopf. Arbeiten Sie das Engelchen nach Methode A (ohne Beindraht, siehe Seite 5) und stecken Sie die kleinen Holzperlen als Hände auf die Chenilledrahtenden. Kleben Sie Füße und Flügel an. Biegen Sie den Schnullerdraht gemäß der Zeichnung auf dem Vorlagenbogen und stecken Sie die weiße Perle und das Tonkartonteil auf. Fixieren Sie das Engelchen auf der weiß grundierten Wolke.

Material

- Rohholzperlen, 1 x ø 20 mm (Kopf) und 1 x ø 15 mm (Kopfbefestigung)
- Tonkarton in Rosa
- Bastelfarbe in Hautfarbe und Rosa
- Chenilledraht in Rosa, 28 cm (Beine) und 15 cm lang (Arme)
- Stieldraht, ø 1,4 mm, 9 cm lang (Bogen)
- Blumendraht, ø 0,65 mm, 10 cm (Hals) und 5,5 cm lang (Pfeil)
- Blumendraht, ø 0,35 mm, 7 cm lang (Bogensehne)
- Büschel Grasfasern in Rosa, 8 cm lang

Vorlagenbogen A

Mini Tonis Nr. 79

Amor, der Liebes-Engel

(Abbildung auf Seite 1)

Fügen Sie den Engel nach Methode A zusammen (siehe Seite 5). Kleben Sie das Herz und die Flügel auf und biegen Sie die Arme und Beine zurecht. Den Bogen biegen Sie nach Vorlage und drahten die Sehne an. Geben Sie dem Engel den Bogen in die eine und den Pfeil in die andere Hand.

Nr. 80 Mini Tonis

Julia und Romeo, die Hochzeitsengel

(Abbildung auch auf Seite 14/15)

Bräutigam und Braut werden nach Methode B gearbeitet (siehe Seite 5), dabei wird der Aufhängedraht am Hals angedrahtet und durch die Bohrung am Kopf gezogen.

Bräutigam

Die Haare sind aus Strukturschnee (mit Zahnstocher auftragen) und werden nach dem Trocknen schwarz angemalt. Kleben Sie die schwarzen Filzstreifen zu zwei Röhren zusammen. Ziehen Sie die beiden Filzröhren auf die Beine aus Chenilledraht und stecken Sie die beiden schwarz bemalten Schuhe auf. Ergänzen Sie die Fliege und die Flügel.

Braut

Kleben Sie die Haare aus Nikolausbart oder weißer Wolle auf den Kopf. Bekleben Sie jeweils einen Rand der beiden Organzabänder mit den gleich langen Satinbändern. Nun nähen Sie daraus mit wenigen Stichen zwei Ringe, die Sie Naht auf Naht ineinander schieben und an der satinfreien Seite mit einem Faden etwas zusammenziehen. Ziehen Sie den Rock über den weiß grundierten Tontopf und fixieren Sie ihn mit etwas Klebstoff. Über den Rock kleben Sie das Spitzenband. Befestigen Sie die Flügel, stecken Sie die weißen Füße auf und geben Sie der Braut den Strauß in die Hand.

Hängen Sie das Brautpaar in das mit der Baumwollkordel umwickelte Herz.

Material

- Rohholzperlen, 2 x ø 25 mm (Köpfe) und 2 x ø 15 mm (Kopfbefestigung)
- 4 Marionettenfüße, 15 mm x 20 mm
- Tonkarton in Weiß
- Bastelfarbe in Schwarz, Weiß und Hautfarbe
- Chenilledraht in Schwarz und Weiß, je 20 cm (Hals und Beine) und 12 cm lang (Arme)
- Strukturschnee (Haare Bräutigam)
- Nikolausbart oder weiße Wolle (Haare Braut), 12 x 20 cm lang
- 2 Filzstreifen in Schwarz, je 6,5 cm x 5 cm (Hose Bräutigam)
- Organzaband in Weiß, 4 cm breit, 2 x 32 cm lang (Brautkleid)
- Satinband in Weiß, 3 mm breit, 2 x 32 cm lang (Brautkleid)
- Spitzenband in Weiß, 10 mm breit, 12 cm lang (Brautkleid)
- Je 3 Stoffblümchen in Rosa und Weiß mit Stängel, ø 15 mm
- Drahtherz, ca. 21 cm x 21 cm
- Blumendraht, ø 0,35 mm, 2 x 20 cm lang (Aufhängung)
- Baumwollkordel in Weiß, ø 2 mm

Vorlagenbogen A

WIR
BEGLEITEN
EUCH

Hildegard, der Schwestern-Engel

Kleben Sie den mittig umgeknickten Halsdraht so in den bemalten Kopf, dass die Knickstelle oben 1,5 cm aus dem Kopf herausragt. Nun werden die Abaca-Fasern rund um den Kopf und den überstehenden Draht gelegt und mit dünnem Blumendraht zusammengefasst. Bis auf den Kopf wird der Engel nach Methode A gearbeitet (siehe Seite 5).

Biegen Sie den Aludraht für die Spritze nach Vorlage und umwickeln Sie ihn mit dem Papierstreifen. Fixieren Sie den Papierstreifen mit etwas Klebstoff und zeichnen Sie mit Filzstift eine Skala auf. Kleben Sie die Flügel und das rote Kreuz an, geben Sie dem Engel die Spritze in die Hand und biegen Sie Beine und Arme zurecht.

Material

- Rohholzperlen, 1 x ø 20 mm (Kopf) und 1 x ø 15 mm (Kopfbefestigung)
- Tonkarton in Weiß und Rot
- Bastelfarbe in Weiß und Hautfarbe
- Filzstift in Rot
- Chenilledraht in Weiß, 14 cm (Arme) und 22 cm lang (Beine)
- Blumendraht, ø 0,65 mm, 20 cm lang (Hals)
- Blumendraht, ø 0,35 mm (Haargummi)
- Papierstreifen in Weiß, 20 cm x 2 cm (Spritze)
- Aludraht in Silber, ø 1 mm, 8 cm lang (Spritze)
- Büschel Abaca-Fasern in Schwarz, 5 cm lang

Vorlagenbogen A

Zarte Blume und Kleiner Adler, die Indianer-Engel

Material

- Rohholzperlen, 1 x ø 20 mm (Kopf), 1 x ø 15 mm (Kopfbefestigung), 2 x ø 10 mm (Hände) und 2 x ø 12 mm (Füße)
- Tonkarton in hellem Beige und Weiß
- Bastelfarbe in Hellgelb, Rotbraun und Weiß
- Blumendraht, ø 0,65 mm, 10 cm lang (Hals)
- Dekokordel in Beige, ø 2 mm, 15 cm (Arme) und 20 cm lang (Beine)
- Büschel Baumwollfäden in Schwarz, ø 1 mm, 10 cm oder 15 cm lang
- Feine Filzstifte in Rot und Blau
- Holzstäbchen, ø 1 mm

Vorlagenbogen A

Das Augenweiß mit dem Holzstäbchen auftupfen, danach die Pupille mit Filzstift einzeichnen. Die Indianer-Engel werden nach Methode A gearbeitet. Verzieren Sie mit Filzstift die Tonkartonstreifen und kleben Sie sie zu Stirnbändern zusammen sowie als Schmuckbordüren an den grundierten Topf. Nach Belieben mit Federn aus Tonkarton schmücken und zuletzt die Flügel ankleben sowie die rotbraun grundierten Hand- und Fußperlen an die Kordeln knoten.

Mini-Tonis **Nr. 83**

Laura, der ABC-Engel

Fassen Sie die Haarfäden mittig mit einem weiteren Faden zusammen. Der mittig umgebogene Halsdraht wird durch das Haarbüschel gezogen und dieses dicht an den Kopf gezogen. Stellen Sie den Engel nach Methode A fertig (siehe Seite 5). Die Haare werden mit zwei Schleifen zusammengefasst und stellenweise am Kopf angeklebt. Rollen Sie die Schultüte, kleben Sie das Stück Küchenpapier ein und binden Sie es mit dem verbliebenen violetten Baumwollfaden zusammen. Mit Plusterfarbe in Gelb beschriften. Ziehen Sie den Blumendraht durchs Haar und fädeln Sie drei bis vier Herzchen darauf auf.

Material

- Rohholzperlen, 1 x ø 25 mm (Kopf) und 1 x ø 15 mm (Kopfbefestigung)
- Tonkarton in Violett und hellem Viole
- Küchenpapier, 13 cm x 5 cm (Schultü te)
- Bastelfarbe in Violett und Hautfarbe
- Plusterfarbe in Gelb (ABC)
- Blumendraht, ø 0,65 mm, 20 cm lang (Hals)
- Blumendraht, ø 0,35 mm, 8 cm lang (Herzen im Haar)
- Chenilledraht in Violett, 20 cm (Arme und 32 cm lang (Beine)
- Büschel Baumwollfaden in Gelb, ø 1 mm, 11 cm lang (Haare)
- 3 Baumwollfäden in Violett, ø 1 mm, 20 cm lang (Schleifen)

Vorlagenbogen A

Mini-Tonis **Nr. 84**

Lara, der Schulweg-Engel

Kleben Sie aus den Filzstreifen zwei Röhren und ziehen Sie diese über den Arm- bzw. den Beindraht. Bemalen Sie den Tontopf in hellem Violett, den Rand in dunklem Violett. Anschließend wird der Engel nach Methode A gearbeitet (siehe Seite 5). Fransen Sie die Kordel zu einem wilden Haarbüschel aus und kleben Sie die Flügel an. Schneiden Sie aus der Filzblütenbordüre zwei Blümchen und kleben Sie sie auf die Engelsknie.

Material

- Rohholzperlen, 1 x ø 25 mm (Kopf) und 1 x ø 15 mm (Kopfbefestigung)
- Tonkarton in Violett
- Bastelfarbe in Violett, hellem Violett und Hautfarbe
- Blumendraht, ø 0,65 mm, 15 cm lang (Hals)
- Chenilledraht in Violett, 18 cm (Arme) und 27 cm lang (Beine)
- Jutekordel in Violett , 3 bis 4 x 10 cm lang
- Filz in Violett, 12 cm x 5 cm (Ärmel) und 18 cm x 5 cm (Hosenbeine)
- Filzblütenbordüre in Violett

Vorlagenbogen A

ABC
Ich pass' auf dich auf

Material

- Rohholzperlen, 1 x ø 25 mm (Kopf) und 1 x ø 15 mm (Kopfbefestigung)
- Tonkarton in Hautfarbe
- Bastelfarbe in Hautfarbe
- Büschel Abaca-Fasern in Naturfarbe, 10 cm lang (Haare)
- Paketschnur, ø 2 mm, 14 cm (Arme) und 20 cm lang (Beine)
- Blumendraht, ø 0,65 mm, 10 cm lang (Hals)
- Sperrholz, 2 mm bis 3 mm dick (Hände und Füße)
- Bohrer, ø 2 mm

Vorlagenbogen A

Mini-Tonis **Nr. 85**

Schischi, der Trost-Engel

Der Engel wird nach Methode A gearbeitet (siehe Seite 5), wobei die Abaca-Fasern jedoch nur straff an die Kopfperle und nicht in sie hineingezogen werden. Knoten Sie Hände und Füße an und fixieren Sie die Flügel.

Françoise, der Urlaubs-Engel

(Beschreibung auf Seite 22)

Material

- Rohholzperlen, 1 x ø 25 mm (Kopf), 1 x ø 15 mm (Kopfbefestigung), 2 x ø 10 mm (Hände) und 2 x ø 12 mm (Füße)
- Tonkarton in Blau
- Bastelfarbe in Weiß, Rot, Blau und Hautfarbe
- Blumendraht, ø 0,65 mm, 20 cm lang (Hals)
- Jutekordel in Blau, ø 2,5 mm, 28 cm (Arme), 32 cm (Beine) und 30 cm lang (Schleife)
- Jutekordel in Rot, ø 2,5 mm, 5 x 20 cm lang (Haare)
- 2 Knöpfe in Transparent, ø 7 mm

Vorlagenbogen A

Mini Tonis Nr. 87

Françoise, der Urlaubs-Engel

(Abbildung auf Seite 21)

Grundieren Sie den Tontopf weiß und malen Sie die roten und blauen Streifen auf. Knicken Sie das Büschel aus roter Kordel in der Mitte um und fassen Sie es 3 cm von der Knickstelle entfernt mit dem Halsdraht zusammen. Nun wird der Engel nach Methode A gearbeitet (siehe Seite 5), die Jutehaare werden jedoch nicht in die Kopfperle hineingezogen. Die Haare werden unterhalb der Bindestelle ausgefranst. Verdecken Sie die Bindestelle mit einer blauen Schleife. Kleben Sie die Flügel auf und knoten Sie die Fuß- und Handperlen an.

Tipp
Das Baguette können Sie aus Modelliermasse oder einem Teigrest selbst herstellen.

Nr. 88 Mini Tonis

Woody und Moody, die Gute-Laune-Engel

Bemalen Sie den Tontopf gemäß der Abbildung. Die Engel werden nach Methode A gearbeitet (siehe Seite 5). Dabei wird der Halsdraht durch die beiden Kragensterne gesteckt, bevor er vom Armdraht umschlungen wird. Kleben Sie die Flügel an, stecken Sie die Holzkugeln auf die Enden des Chenilledrahtes und binden Sie die Haare mit dem violetten Baumwollfaden zusammen.

Material

- Rohholzperlen, 1 x ø 25 mm (Kopf), 2 x ø 12 mm (Hände) und 3 x ø 15 mm (Kopfbefestigung und Füße)
- Tonkarton in hellem Violett oder Violett
- Bastelfarbe in Weiß, hellem Violett, Violett und Hautfarbe
- Blumendraht, ø 0,65 mm, 10 cm lang (Hals)
- Chenilledraht in hellem Violett oder Violett, 14 cm (Arme) und 25 cm lang (Beine)
- Baumwollfaden in Violett, ø 1 mm (Haargummi)
- Büschel Grasfaser in Violett, 10 cm lang

Vorlagenbogen A

Gute-
Laune-
Engel

Axel und Michel, die Skater-Engel

Durchbohren und bemalen Sie die Holzkugel. Stecken Sie von oben die Haare (ggf. über einen Zahnstocher zu Spiralen drehen) und von unten den Halsdraht ein. Den Halsdraht mit Heißkleber im Topf fixieren. Bemalen Sie den Tontopf und die Ärmel (Hände hautfarben anmalen). Auf die Drahtachsen werden die schwarzen Holzperlen geklebt; anschließend die Achsen mit der Klebepistole am Skateboard fixieren. Kleben Sie Arme, Füße und Flügel an und befestigen Sie den Engel auf dem Board. Verzieren Sie die Haare nach Belieben mit kleinen Herzen oder Sternen.

Material

- Rohholzkugel ohne Loch, ø 20 mm
- 4 Holzperlen in Schwarz, ø 6 mm (Räder)
- Tonkarton in Rot und Schwarz sowie Hellblau oder Blau
- Bastelfarbe in Rot oder Hellblau sowie Hautfarbe
- Blumendraht, ø 0,35 mm, 3 x 9 cm bzw. 5 x 5 cm lang (Haare)
- Steckdraht, ø 1 mm, 2 x 2 cm (Achsen) und 1 x 3 cm lang (Hals)
- Bohrer, ø 1 mm

Vorlagenbogen B

Material

- Rohholzperlen, 1 x ø 20 mm (Kopf), 1 x ø 15 mm (Kopfbefestigung), 2 x ø 10 mm (Hände) und 2 x ø 12 mm (Füße)
- Bastelfarbe in Ocker und Grau
- Chenilledraht in Weiß, 14 cm (Mantelsaum), 6 cm (senkrechter Saum), 7 cm (Kapuzensaum) und 10 cm lang (Hals)
- Baumwollkordel in Weiß, ø 2 mm, 12 cm (Arme) und 20 cm lang (Beine)
- Wattevlies, 1 cm dick (Flügel)

Vorlagenbogen B

Mini-Tonis Nr. 90

Natar und Kunuk, die Inuit-Engel

Das Gesicht wird ocker, der Hinterkopf grau bemalt. Gestalten Sie das Gesicht. Bringen Sie die Säume aus Chenilledraht am grundierten Tontopf an. Stecken Sie Anfang und Ende des Kapuzensaums in die obere Kopfbohrung. Fügen Sie den Engel nach Methode C zusammen (siehe Seite 5/6). Knoten Sie die bemalten Hand- und Fußperlen an und kleben Sie die Flügel aus Wattevlies an.

Nr. 91

Sleepy, der Einschlaf-Engel

Material

- Rohholzperlen, 1 x ø 20 mm (Kopf) und 1 x ø 15 mm (Kopfbefestigung)
- Ca. 20 Rocailles in Kristall, ø 2,6 mm
- Bastelfarbe in Hautfarbe
- Baumwollfaden in Weiß, ø 1 mm, ca. 40 cm lang
- 5 bis 6 Dekofedern in Weiß
- Mobilefolie, 0,5 mm dick
- Faserseide in Weiß

Vorlagenbogen B

Knoten Sie die kleine Holzkugel an ein Ende des langen Baumwollfadens und ziehen Sie dann das andere Ende von unten durch den Tontopf und die bemalte Kopfperle. Rings um den Topf werden die Federn angeklebt. Etwas Federflaum dient als Haare. Kleben Sie die Faserseide mit einem Klebestift auf die Folie und schneiden Sie die Flügel aus, die Sie nach Belieben mit Rocailles verzieren und am Körper ankleben.

Nr. 92

Dreamy, das Traum-Engelchen

Knoten Sie die kleine Rohholzperle an ein Ende des Aufhängefadens. Ziehen Sie einen Fußfaden bis zur Mitte durch den durchbohrten Holzfuß, dann werden beide Fadenenden durch eine Indianerperle und eine Holzperle gezogen und über der Rohholzperle angeknotet. Das zweite Bein wird ebenso gearbeitet. Ziehen Sie den Aufhängefaden mit den beiden Beinen von unten durch den Tontopf. Nun knoten Sie die beiden Arme mit den aufgezogenen Händen und Perlen (vgl. Abbildung) über dem Topf an und ziehen den Aufhängefaden durch die bemalte Kopfperle. Eine Feder wird auf der Brust, die beiden anderen als Flügel angeklebt. Zuletzt befestigen Sie etwas Federflaum als Kragen und Haare.

Material

- Rohholzperlen, 1 x ø 20 mm (Kopf) und 1 x ø 15 mm (Kopfbefestigung)
- 6 Indianerperlen in Braun, ø 4,5 mm
- 4 Holzperlen in Braun, ø 8 mm
- Bastelfarbe in Hautfarbe
- Baumwollfaden in Weiß, ø 1 mm, 1 x 40 cm (Aufhängung), 2 x 20 cm (Beine) und 2 x 16 cm lang (Arme)
- 3 Dekofedern in Weiß
- Sperrholz, 2 mm bis 3 mm dick (Hände und Füße)
- Bohrer, ø 1,5 mm

Vorlagenbogen B

EINSCHLAF-
ENGELCHEN
TRAUM-
ENGELCHEN

Material

- Rohholzperlen, 1 x ø 20 mm (Kopf), 1 x ø 15 mm (Kopfbefestigung)
- Tonkarton in Rot, Hautfarbe
- Bastelfarbe in Rot, Hautfarbe
- Blumendraht, ø 0,65 mm, 10 cm (Arme) und 15 cm lang (Hals und Beine)
- Büschel Abaca-Fasern in Schwarz, 8 cm lang (Haare)
- Sperrholz, 2 mm bis 3 mm dick (Hände und Füße)
- Blumendraht, ø 0,35 mm, 23 cm lang
- Verzinkter Draht, ø 1,6 mm, 36 cm lang (Bügel)
- Baumwollkordel in Weiß, ø 2 mm, ca. 2 m lang (Bügel)
- Holzplatte, 2 cm dick, 6,5 cm x 9,5 cm
- Bohrer, ø 1 mm, ø 1,5 mm

Vorlagenbogen B

Mini Tonis Nr. 93

Pia, der Engel der Geduld

Die weißen Punkte am Topf und am Sockel mit weißem Filzstift auftupfen. Arbeiten Sie den Engel nach Methode A (siehe Seite 5) und fixieren Sie an den Drahtenden Hände und Füße (Löcher mit ø 1 mm). Kleben Sie die Flügel aus hautfarbenem und rotem Tonkarton zusammen und befestigen Sie sie am Körper. Biegen Sie den Bügel zurecht, bohren Sie mit dem dickeren Bohrer ein Loch in den Sockel und stecken Sie den umwickelten Bügel hinein. Wickeln Sie die Hälfte des 23 cm langen Blumendrahtstückes um einen Zahnstocher zu einer Spirale, winden Sie die andere Hälfte mehrere Male um den Engelsschopf und drahten Sie den Engel daran am Bügel an.

Nr. 94 Mini Tonis

Cäsar, der Engel der Zuversicht

Durchbohren Sie die große Holzkugel. Für die Haare bohren Sie rund um diese Bohrung acht weitere Löcher, in die Sie je drei bis vier Blumendrahtstücke stecken. Stecken Sie in die Halsbohrung den mittig umgeknickten Halsdraht. Die Drahtenden durch den Kragen ziehen, mit dem Armdraht umschlingen und durch die Topföffnung führen. Auf ein Drahtende stecken Sie die kleine Holzperle und verdrehen die Enden miteinander. Die Füße ankleben, die Hände auf die Arme stecken und die Enden umbiegen. Kleben Sie die Faserseide mit einem Klebestift auf die Folie, schneiden Sie die Flügel aus und bringen Sie sie am Topf an.

Material

- Rohholzkugel ohne Loch, ø 20 mm (Kopf)
- Rohholzperle, ø 15 mm (Kopfbefestigung)
- Bastelfarbe in Rot, Hautfarbe
- Blumendraht, ø 0,65 mm, 10 cm lang (Hals)
- Blumendraht, ø 0,35 mm, ca. 30 x 2,5 cm lang (Haare)
- Chenilledraht in Rot, 12 cm lang (Arme)
- Faserseide in Weiß
- Mobilefolie, 0,5 mm dick
- Bohrer, ø 1 mm

Vorlagenbogen B

ENGEL DER GEDULD
ENGEL DER ZUVERSICHT

Mini-Tonis Nr. 95

Martin, der Engel der Hoffnung

Bemalen Sie die Kopfperle und den Topf. Das Blütenband wird an den Topfrand geklebt. Der Engel wird nach Methode A zusammengesetzt (siehe Seite 5). Zwischen Kopf und Arme fädeln Sie den gelochten Filzstern auf. Kleben Sie die Flügel auf den Körper und knoten Sie die Fuß- und Handperlen an.

Material

- Rohholzperlen, 1 x ø 20 mm (Kopf), 2 x ø 12 mm (Hände) und 3 x ø 15 mm (Füße und Kopfbefestigung)
- Tonkarton in Hellgrün
- Filz in Hellgrün
- Bastelfarbe in Weiß und Hautfarbe
- Blumendraht, ø 0,65 mm, 10 cm lang (Hals)
- Dekokordel in Hellgrün, ø 2 mm, 14 cm (Arme) und 20 cm lang (Beine)
- Blütenband, 7 mm breit, 14 cm lang
- Büschel Grasfasern in Gelb, 9 cm lang
- Lochzange (Kragenstern)

Vorlagenbogen B

Nr. 96 Mini-Tonis

Friedrich, der Engel der Treue

Der Engel wird nach Methode A zusammengesetzt (siehe Seite 5). Zwischen Kopf und Arme fädeln Sie die gelochten Filzsterne auf. Kleben Sie die Faserseide mit einem Klebestift auf die Mobilefolie und schneiden Sie dann die Flügel aus. Knoten Sie die blau grundierten Handperlen und Marionettenfüße an und befestigen Sie die Flügel am Körper.

Material

- Rohholzperlen, 1 x ø 20 mm (Kopf), 1 x ø 15 mm (Kopfbefestigung) und 2 x ø 12 mm (Hände)
- 2 Marionettenfüße, 20 mm x 15 mm
- Filz in Hellgrün und Hellblau
- Bastelfarbe in Blau und Hautfarbe
- Mobilefolie, 0,5 mm dick
- Faserseide in Hellgelb
- Blumendraht, ø 0,65 mm, 10 cm lang (Hals)
- Dekokordel in Hellgrün, ø 2 mm, 14 cm (Arme) und 20 cm lang (Beine)
- Büschel Grasfasern in Blau, 9 cm lang
- Lochzange (Kragensterne)

Vorlagenbogen B

ENGEL
DER
HOFFNUNG
ICH BIN
DIR TREU

Therese, der Not-Engel

Binden Sie die Drahtstücke für die Haare mit dem Halsdraht zu einem Büschel. Der Engel wird nach Methode A gearbeitet (siehe Seite 5). Die Haare über das Holzstäbchen zu Spiralen drehen. Der Schein wird zu einer Ziehharmonika gefaltet und mit Blumendraht als Flügel am Hals befestigt. Knoten Sie noch die Fuß- und Handperlen an.

Material

- Rohholzkugeln, 1 x ø 25 mm (Kopf), 2 x ø 12 mm (Hände) und 3 x ø 15 mm (Füße und Kopfbefestigung)
- Bastelfarbe in Rot und Hautfarbe
- Blumendraht, ø 0,65 mm, 15 cm lang (Hals)
- Blumendraht in Schwarz, ø 0,35 mm, 15 bis 20 x 20 cm (Haare) und 10 cm lang (Flügelbefestigung)
- Papierdrahtkordel in Rot, ø 2 mm, 15 cm (Arme) und 20 cm lang (Beine)
- Geldschein
- Rundholzstäbchen, ø 3 mm (Drahtspiralen)

Vorlagenbogen B